LETTRE

DE

M. DE CONNY,

A M. CASIMIR PÉRIER.

PARIS,

CHEZ G.-A. DENTU, IMPRIMEUR-LIBRAIRE,

rue d'Erfurth, n° 1 *bis*;

ET PALAIS-ROYAL, GALERIE D'ORLÉANS, n° 13.

1832.

PARIS. — IMPRIMERIE-LIBRAIRIE DE G.-A. DENTU,
RUE D'ERFURTH, N° 1 BIS.

LETTRE

DE

M. DE CONNY,

A M. CASIMIR PÉRIER.

Je viens de visiter les prisons de Sainte-Pélagie, c'est à vous, monsieur, que je dois adresser
quelques observations; elles seront graves : les
décisions du pouvoir ne peuvent plus être ajour-
nées sans danger. Le temps presse, car il s'agit
de l'existence même des prisonniers.

Vous le savez, monsieur, les prisons sont encombrées de détenus arrêtés sous la prévention
de délits politiques; c'est dans ce triste asile qui
devrait être réservé au crime, qu'un pouvoir om-
brageux vient chaque jour placer ses victimes.

Venez voir les prisonniers entassés à Sainte-Pélagie, et quand vous aurez vu ce triste tableau, vous comprendrez alors que l'irritation n'est que trop naturelle et trop légitime. Ce ne sont point des faveurs, monsieur, que je viens réclamer pour tant de prisonniers; il y a trop de fierté dans de telles âmes, pour que je me hasarde à faire entendre un tel cri. Non, monsieur, ce ne sont point des faveurs que je réclame; mais je viens conjurer le pouvoir d'accorder à ces prisonniers ce qu'il ne peut leur refuser sans commettre un acte de cruauté; je viens demander que les prisonniers cessent enfin d'être privés de l'air qui est le principe de la vie. Oui, monsieur, c'est de l'air qu'ils puissent respirer sans donger que je viens demander pour eux, et cet air leur est refusé. Venez, monsieur, je vous le répète, venez à Sainte-Pélagie; vous verrez là les détenus entassés dans de misérables réduits; vous les verrez privés à la fois et de l'air et de la lumière des cieux.

Vous le savez, monsieur, le temps paraît long à la douleur qui veille! et dans ces prisons où vous entassez tant de victimes, les nuits sont de vingt-quatre heures, car les heures des jours ressemblent à celles de la nuit.

Pour visiter les prisonniers de Sainte-Péla-

gie, on est astreint à tant de minutieuses formalités, qu'à peine ai-je eu le temps d'en voir une
partie seulement. Certes, j'en ai éprové un vif
regret, car plus que jamais au temps où nous
sommes, nous devons redire avec le poète :

Sachons nous garantir de cette erreur commune ,
De trahir nos amis, trahis par la fortune.

J'ai d'abord rencontré un de mes jeunes amis,
M. Albert de Bertier; et sa vive gaîté, dans ce
triste séjour, m'a appris qu'il avait la conscience
que son étrange procès avait fait rire la France
de ce rire inextinguible dont long-temps elle
conservera la mémoire; puis j'ai retrouvé M. le
baron de Brian, homme de talent, homme de
cœur, comme tout le monde sait. On lui avait
permis d'aller respirer un peu d'air à Chaillot,
mais pour se venger sans doute de la haute influence qu'exerce en Europe un journal si cher à
la France monarchique, on a jugé convenable de
priver M. de Brian de l'air qu'il respirait à Chaillot; on l'a enseveli de nouveau dans une des
chambres, ou plutôt une des caves de Sainte-
Pélagie.

J'ai aperçu là aussi cet écrivain dont la verve
satirique excite une si vive colère, mais dont
l'opiniâtre persévérance défiera plus d'un réquisi-

toire; tranquille à Sainte-Pélagie, M. Berard écrivait un de ces numéros dont le succès populaire, toujours croissant, révélerait seul à l'observateur la situation morale de la France.

Il me tardait d'embrasser plusieurs de mes amis arrêtés, il y a peu de temps, avec une si étrange brutalité; on m'a conduit dans un petit cabinet, où là j'ai vu M. de Maistre. On a découvert que M. de Maistre avait conspiré, parce qu'il est constant qu'il a donné des secours à de malheureux détenus. M. de Maistre est coupable, je ne puis le nier; j'ajouterai même que c'est un crime de famille; son zèle ardent à secourir le malheur est connu dès long-temps.

M. de Maistre a pour complice M. le baron de Rivière. Lorsque son domicile a été envahi, les hommes de police ont trouvé M. de Rivière donnant une leçon d'histoire à son fils. Le conspirateur n'a point été troublé; pendant que l'on saisissait ses papiers, il a continué l'enseignement qu'il donnait à son fils. Jeune enfant! ce jour-là restera dans votre mémoire! il sera aussi une leçon d'histoire.

Enfin, j'ai revu ce vieillard au front calme et serein; j'ai pressé dans mes bras mon vénérable ami le comte de Floirac; long-temps j'eus l'honneur d'être assis près de lui au conseil d'Etat, et plus qu'à d'autres il m'a été donné de connaître et d'admirer de si hautes vertus.

L'arrestation de M. de Floirac, il faut le dire, est un scandale encore dans un temps même si fertile en scandales; en le retrouvant à Sainte-Pélagie, en observant ce calme de la vertu empreint sur tous les traits du noble vieillard, je me suis rappelé les longues heures que je passai dans la petite cellule de M. de Kergorlay, l'homme des jours anciens, l'homme dont le nom sera à jamais une des gloires de la France.

C'est depuis plus d'un jour que M. de Floirac a subi toutes les rigueurs de tant de pouvoirs qui ont pesé sur le pays pendant nos trop longues discordes; son nom se lie à tous les évènemens de la révolution; à Varennes, il fut arrêté, parce que fidèle à ses devoirs, il voulait, les armes à la main, frayer à son roi un passage à travers les populations soulevées qui le pressaient de toutes parts.

Plus tard, M. de Floirac allait rejoindre ses vaillans compagnons d'armes qui combattirent à Quiberon, quand il fut jeté dans les fers; sous l'empire, il fut conduit au Temple, et devint tour à tour l'hôte de toutes les prisons; la restauration l'appela à de hautes fonctions, et la révolution de juillet, en le rendant à la vie priyée, semblait au moins devoir respecter tant de vertus; il en fut autrement; le domicile de M. de Floirac a été tout à coup envahi; le noble vieillard a été arraché des bras de madame de Floirac; mais ce coup était trop rude pour elle (1), et bientôt la douleur a développé une maladie cruelle qui l'a jetée aux portes du tombeau! Peut-être M. de Floirac, en retrouvant sa liberté, ne retrouvera-t-il plus celle qui fut la compagne de sa vie! Ce sera, à travers tant de honte, un des tragiques épisodes du ministère du 13 mars.

Je viens de vous parler, monsieur, de quelques prisonniers entre un si grand nombre qui encombre les prisons de Paris; vous les nommer tous serait impossible, chaque jour en amène de nouveaux; mais puisque le système du 13 mars, dont vous êtes le régulateur, est un système qui amène nécessairement l'encombrement des prisons (2); ce système, je vous l'ai dit ailleurs, le

____

(1) Mme de Floirac est âgée de près de quatre-vingts ans.

(2) Le ministère n'a pas reculé devant la pensée même de faire arrêter des femmes! Plusieurs ont été violemment arrachées de leurs maisons, et conduites à Sainte-Pélagie ou à la Conciergerie. Mme de Cérione, qui, étrangère au monde, est livrée tout entière à la piété et aux bonnes œuvres, et dont la santé si faible donne les plus vives inquiétudes, a été jetée à la Conciergerie.

jugement qu'en portera l'avenir sera inexorable, et cet avenir est plus prochain que vous ne pensez; mais ici, il ne s'agit point de théories politiques; j'ai à vous rappeler un devoir qui vous est imposé, car c'est un devoir que prescrit l'humanité.

Parmi ce grand nombre de prisonniers entassés dans ce triste séjour, il en est peu dont la santé n'éprouve une altération rapid ; des maladies cruelles se développent, et plusieurs ont expiré avant le jugement qui devait prononcer leur innocence ! Le sang de M. Laurent de Saint-Julien retombe sur la tête de ceux qui ont ordonné son arrestation !

Quand on a passé quelques heures à Sainte-Pélagie, on est comme asphyxié. Hier, en quittant ce triste séjour, où languissent tant de mes amis, j'avais besoin de respirer un air plus vif; je traversai la Seine, et je fus bientôt sur ces beaux boulevards non loin de la Bastille. Quand je contemplai ce vaste emplacement que présentait cette forteresse, pour la première fois de ma vie, j'éprouvai de sa destruction le plus vif sentiment de douleur ! Ah ! si la Bastille n'avait point été détruite, me dis-je, ce serait là qu'on mettrait les prisonniers politiques ! là, au moins, ils respireraient; là, au moins, ils auraient des cours pour se promener, peut-être même quelquefois le jardin du gouverneur; ils verraient des arbres; enfin, ils auraient de l'air! Et n'allez pas croire que c'est pour mes adversaires politiques que je rêve la Bastille! non, certes, c'est pour mes amis; j'en appelle à ceux qui sont entassés dans ces misérables réduits de nos prisons actuelles. Quand on a passé quelques instans à Sainte-Pélagie, à la Conciergerie, la Bastille apparaît comme un lieu de délices.

Venez, je vous en conjure, monsieur, venez observer nos prisons, et cette conviction deviendra la vôtre. Comme moi, vous regretterez la Bastille; mais tous nos efforts sont impuissans; cette forteresse est détruite. On danse là où fut la Bastille, je le sais; je m'en réjouirais davantage, si l'on dansait là où fut la Conciergerie et Sainte-Pélagie.

Voici, monsieur, une de ces vérités que vous avez rendu irréfragables: *Le besoin le plus pressant des temps où nous sommes, est une prison destinée aux délits politiques;* encore une fois, il la faut vaste et spacieuse, car vous ne paraissez pas disposé à diminuer le nombre des prisonniers. Mais surtout ne pensez point à une telle construction; jamais, monsieur, vous ne pourriez la réaliser; votre pouvoir est d'un jour, je vous l'ai dit ailleurs, et vous n'en auriez pas posé la première pierre, que déjà votre pouvoir serait détruit. Vous êtes jeté sur une mer sans rivages, tous les flots sont soulevés; mais ce n'est point vous qui calmerez la tempête, et vous serez brisé, laissant à d'autres mains un gouvernail que d'autres flots briseront encore.

Ne rêvez donc point de constructions de prisons; sans doute elles seraient urgentes; mais le temps vous manque, elles sont impossibles; un autre moyen vous est offert.

Présentez - vous aux Chambres, tenant à la main le tableau des prisons; annoncez qu'elles sont encombrées; dites aux députés que royalistes, républicains, napoléonistes, tous sont entassés pêle-mêle, tous subissent les mêmes tortures, jamais paroles n'auront été plus vraies. Dites que l'irritation est à son comble parmi les prisonniers, car je puis vous l'assurer, vous entendrez là d'autres cris que des cris d'amour : dites que l'on redoute des maladies contagieuses; rappelez les tristes funérailles de ceux auxquels on refusa inhumainement une maison de santé. Après ce triste tableau, demandez un crédit de 500,000 fr. pour l'achat rapide d'une maison spacieuse qui sera transformée en *prison politique.*

Pour la première fois depuis la révolution de

juillet, des cris d'approbation s'éleveront de toutes les bancs de la Chambre ; toutes les opinions diverses se réuniront, et la *prison politique* sera votée aux acclamations unanimes.

C'est aux extrémités de la Chambre que siégent ordinairement les oppositions ardentes ; les membres qui les forment savent qu'au milieu de la lutte des factions une énergique exaltation fraya plus d'une fois le chemin des prisons ; lès centres qui obéissent par-dessus tout aux inspirations de la prudence, les centres reconnaîtront qu'ils seraient infidèles à eux-mêmes, s'ils ne votaient pas *la prison politique ;* car la prudence la plus exagérée même, cette disposition que plusieurs appellent d'un autre nom, ne préserva pas toujours de la prison ; l'histoire de la révolution l'atteste assez !

Une voix instinctive, plus puissante que tous les sophismes, dira à tous les membres que l'érection d'une *prison politique* est devenue depuis la révolution de juillet une loi d'urgence ; et vous, monsieur, à qui la France la devra, une fois, enfin, vous entendrez des cris d'approbation s'élever sous ces voûtes où gémissent tant de prisonniers ; puis vous penserez que lorsque la fortune brisera dans vos mains ce pouvoir fragile et fugitif, si comme tant d'autres, vous éprouviez ses revers; si un jour aussi, à votre tour, vous aviez la prison en perspective, il serait consolant pour vous, pour les vôtres, dans ces tristes momens, de savoir que là au moins vous seriez à l'abri de ces lentes tortures qu'éprouvent chaque jour les prisonniers du ministère du 13 mars; plus heureux qu'ils ne le sont aujourd'hui, vous respireriez un air pur; et mieux qu'un autre, monsieur, vous devez sentir que la privation de l'air est un supplice que nul n'a le droit d'imposer à ses semblables; de tels actes d'inhumanité sont flétris par l'histoire, car ils sont indignes d'un peuple civilisé.

Hâtez-vous donc, monsieur, d'apporter cette résolution aux Chambres; elle deviendra à l'instant loi de l'État; vous en confierez l'exécution à ce ministre qui répond avec tant de docilité à votre commandement, et tant de victimes vous devront au moins quelques heures de relâches à de trop cruels tourmens.

Le temps presse, monsieur; et si vous traînant à la suite de la révolution, vous êtes condamné à signer un jour l'ordre vandale de raser Saint-Germain-l'Auxerrois, ou d'ordonner la destruction impie du monument que la France consacra au duc de Berry, au milieu de tant de ruines, attachez au moins votre nom à une création de-

venue désormais une des premières conditions
du pouvoir dont vous êtes le régulateur; voyez
la presse unanime applaudir à cette résolution;
entendez des acclamations s'élever de la tribune
des journaux; voyez la joie au front des rédac-
teurs du *National* comme de *la Quotidienne*.
L'impassible *Moniteur* lui-même, dans ses éter-
nelles colonnes, enregistrera cet acte comme un
acte de générosité; peut-être même, ces journaux
légers, expression fidèle de l'esprit français, ces
journaux dont l'artillerie redoutable vous harcèle
sans relâche, *la Mode, le Revenant, le Corsaire,
Brid'Oison, la Caricature,* vous accorderont un
jour de trève; et certes, il faut le dire, un jour
d'harmonie au milieu de tant de jours de discordes, ce sera là un si étrange phénomène que
ce motif seul devrait vous déterminer.

Je vous le redis encore, monsieur, les prisons sont encombrées, et l'irritation des partis
qui croîtra avec les ombrages du pouvoir, ne
nous annonce point un terme à tant d'ar-
restations.

Vainement, des cris d'indignation s'élèvent
de toutes parts pour frapper de réprobation ces
atteintes à la liberté individuelle, ces violations
aux lois du pays. Vainement le juri de Fontenay
rend à la liberté ces victimes de l'arbitraire, dont

la cause était devenue celle de la France entière; vainement Mlle de Fauveau reçoit sur son passage les hommages de la Vendée; le récit de son courage est dans toutes les bouches! On raconte comment les hommes du pouvoir se sont tus devant elle et n'ont pu supporter la fierté de ses regards!

N'en doutez pas, monsieur, l'irritation de la police croîtra avec les attaques qui s'élèvent contre elle de toutes parts, et chaque jour amènera de nouvelles violations à la liberté individuelle.

Dans une telle situation, hâtez-vous, monsieur, de consacrer *une vaste prison* aux détenus politiques; ce fut la première dette que le système du ministère du 13 mars contracta envers le pays; il est temps enfin de l'acquitter.

Paris, 20 mars 1832.

FIN.